ジュニア学習者

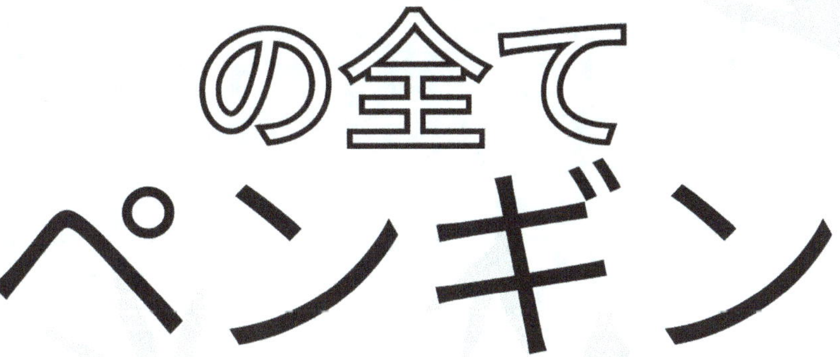

の全て
ペンギン

シャーロット・ソーン

ジュニア学習者

の全て
ペンギン

シャーロット・ソーン

ペンギンは飛べない水鳥で、愛らしいだけでなく興味深い存在です。

ペンギンの化石は6,000万年以上
前に遡ります。

ペンギンに関する最初の既知の記述は、16 世紀のポルトガルの探検家によってもたらされました。

Palaeeudyptes klekowskii の有名な化石からは、身長 6 フィートの絶滅したペンギンが明らかになりました。

さて、ペンギンの中で最大の種はコウテイペンギンです。彼らは3フィート以上の高さに立つことができます。

ペンギンは羽毛があり、卵を産むことができるため、鳥類に分類されます。彼らは他のほとんどの鳥のように飛ぶことができません。

ペンギンは優れたダイバーであり、一部の種は深さ 1,500 フィート以上に到達し、最長 20 分間息を止めることができます。

ペンギンの羽毛は
防水性の断熱材を
提供し、暖かさを
保ちます。

ペンギンは鳴き声
と呼ばれる声を使
って互いにコミュ
ニケーションをと
ります。

有名な現実のペンギンはそれほど多くありませんが...

...ペンギンが登場する映画はたくさんあります。メリー・ポピンズ、マダガスカル、ハッピーフィートなど！

ペンギンにも家族がいることを
ご存知ですか？お母さんペンギ
ンとお父さんペンギンは一緒に
子どもを育てます。

コウテイペンギンを除いて、父親
と母親のペンギンは交代で卵を温
めます。彼らと一緒に、お父さん
は一人で卵を温めます。

ペンギンのさまざまな種類を見てみましょう。

皇帝ペンギン

彼らはペンギンの種の中で最大であり、最も重いです！彼らは非常にかわいい赤ちゃんと、黒、白、黄色の外観で知られています。最悪の天候にも耐えることができます。

アデリーペンギン

これらの鳥は小さいですが、クレイジーな性格を持っています。コウテイペンギンと同じように、彼らは北極ペンギンです。彼らは泳ぎやダイバーが得意で、目の周りにある白い輪があることで知られています。

オウサマペンギン

オレンジ色の模様があるため、コウテイペンギンに似ています。ペンギンの中で2番目に大きい種で、ヒナは茶色の小さなパフのように見えます。

ジェンツーペンギン

　これらのペンギンは、明るいオレンジ色のくちばしと足を持っています。見た目は小さくても3番目に大きい種です！それらは南極地域で発見されています。

ヒゲペンギン

これらのペンギンは面白い見た目をしています。首の下に黒い線があるので「あごひも」と呼ばれています。彼らは良い登山者です。

マカロニペンギン

これらの鳥は大きなコロニーに滞在します。彼らは精力的で非常に社交的であることが知られています。彼らは「トサカ」とも呼ばれる黄色い頭で最もよく知られています。

イワトビペンギン

これらのペンギンは最高の紋章を持っています。彼らの頭がどれほど尖っていて黄色であるかを見てください。目も赤いです。イワトビペンギンは素晴らしい登山家として知られています。

マゼランペンギン

胸に黒い蹄鉄のような模様があり、暖かい地域で見られるペンギンの一種です。彼らの本拠地は南米の海岸です。

フンボルトペンギン

これらのペンギン
も南米原産です。
顔にはピンク色の
斑点があり、泳ぎ
が得意です。

ガラパゴス
ペンギン

　これらのペンギンは、地球を南北に分ける線である赤道より北に生息する唯一のペンギンです。とても小さな鳥です。

アフリカペンギン

これらのペンギンは非常にユニークな鳴き声を持っています。彼らの鳴き声はロバのように聞こえます。そのため、彼らはアフリカ大陸の南部に住んでいます。

キイロペンギン

これらの鳥はニュージーランドを故郷と呼んでいます。彼らは黄色い目をしているだけでなく、頭の周りに黄色い帯があります。これらは最も希少なペンギン種の１つです。

リトルブルーペンギン

ペンギンの中で最小の種なので「フェアリーペンギン」とも呼ばれています。これらの小さな鳥はオーストラリアとニュージーランドで見られます。

ロイヤルペンギン

これらの鳥は、おかしな見た目の黄色い冠と頭を持っています。彼らはマッコーリー島にのみ生息していますが、一生のほとんどを海で過ごします。

フィヨルドランドペンギン

黄色い紋章でも知られる彼らは、ニュージーランドの南島のフィヨルドに生息しています。藪の下や木の根の間に巣を作ります。

直立ペンギン

これらの鳥は非常に高い黄色い冠を持ち、南極諸島周辺で見られます。彼らはとても社交的で、鳴き声も高い鳥です。

スネアペンギン

これらのペンギンは、直立ペンギンに似ています。彼らは岩の多い海岸に住んでおり、泳ぐときは海の中でカモフラージュすることができます。

クレステッドペンギン

これらのニュージーランドの鳥は群れで暮らしており、他の多くの種と同様に、長い黄色の眉毛を持っています。彼らはオキアミを食べます。

ペンギンは私たちの生態系を助けてくれます。

野生のペンギンの個体数は、海洋生態系がいかに健全であるかを科学者に伝えています。

ペンギンの潜水能
力の研究は、水中
技術の開発にイン
スピレーションを
与えました。

ペンギンの交尾と子育て行動の研究により、子育てと人間間の関係についての洞察が得られました。

ペンギンは私たちの生態系と生活圏の重要な部分を占めています。彼らは地球上で最も魅力的で最もかわいい生き物の一つです。